D'APRÈS LES FILMS

Harry Potter

LES MAISONS DE POUDLARD

LE JOURNAL CRÉATIF

GALLIMARD JEUNESSE

Édition originale publiée en 2018 aux États-Unis par Scholastic Inc., éditeurs depuis 1920, sous le titre *Houses of Hogwarts, Creativity Journal*.
Scholastic et les logos associés sont des marques de Scholastic Inc.

Textes : Jenna Ballard
Conception : Red Central

Réalisation de l'édition française : Agence Juliette Blanchot, Paris
Traduction : Marie Renier
Correction : Sylvie Gauthier
Adaptation de couverture : Lou André

ISBN : 978-2-07-514527-5
Gallimard Jeunesse, 2020
Dépôt légal : août 2020
N° d'édition : 367199
Imprimé en Chine

Loi n° 49-956 du 16 juillet 1949 sur les publications destinées à la jeunesse.

SOMMAIRE

LES MAISONS DE POUDLARD

À l'école de sorcellerie de Poudlard, la cérémonie de la Répartition marque le début de l'année scolaire. À tour de rôle, chaque élève de première année est coiffé du Choixpeau magique qui lui attribue une maison : Gryffondor, Poufsouffle, Serdaigle ou Serpentard. Créées il y a plusieurs siècles par les fondateurs de Poudlard (Godric Gryffondor, Helga Poufsouffle, Rowena Serdaigle et Salazar Serpentard), les quatre maisons mettent chacune l'accent sur des qualités spécifiques que leur fondateur jugeait essentielles pour tout sorcier.

Les élèves d'une même maison suivent les mêmes cours, dorment dans le même dortoir, passent leur temps libre dans la même salle commune, ont leur propre équipe de Quidditch, et concourent à la coupe des Quatre Maisons. Selon leurs résultats et comportements, ils font gagner (ou perdre !) des points à leur maison. À la fin de l'année, la maison qui a obtenu le plus de points remporte la coupe. La Grande Salle est alors décorée aux couleurs des gagnants pour le banquet de fin d'année.

À ton tour ! Imagine-toi devenir élève à Poudlard. À quelle maison penses-tu appartenir ? Découvre les particularités de chacune et stimule ta créativité avec les activités proposées !

GRYFFONDOR

EN BREF

FONDATEUR : **GODRIC GRYFFONDOR**

QUALITÉS

COURAGE, HARDIESSE, DÉTERMINATION, BRAVOURE, COURTOISIE

COULEURS

EMBLÈME : LION

FANTÔME

SIR NICHOLAS

PLUS CONNU SOUS LE NOM DE NICK QUASI-SANS-TÊTE

NICK RÊVE D'ÊTRE ADMIS AU CLUB DES CHASSEURS SANS TÊTE, MAIS SA CANDIDATURE EST SYSTÉMATIQUEMENT REJETÉE CAR IL N'EST QUE QUASI SANS TÊTE !

RELIQUE

Forgée par des gobelins, l'épée de Godric Gryffondor joue à plusieurs reprises un rôle clé dans l'histoire de la maison. Harry Potter l'utilise en deuxième année pour vaincre le Basilic de la Chambre des Secrets. Cinq ans plus tard, Ron Weasley y a recours pour détruire l'un des Horcruxes de Voldemort.

DIRECTRICE DE GRYFFONDOR

PROFESSEUR MINERVA MCGONAGALL

Minerva McGonagall est directrice adjointe de Poudlard et directrice de la maison Gryffondor. Elle enseigne la métamorphose, une discipline complexe et dangereuse qui consiste à changer l'apparence d'un objet ou d'un être vivant. McGonagall est une experte du sujet, c'est même une Animagus : elle fait partie des rares sorciers à pouvoir se transformer d'un battement de cils en animal – en l'occurrence, en chat.

La directrice de Gryffondor est très stricte sur le règlement, qu'elle applique en toute impartialité à tous les élèves de l'école... même s'il lui arrive de faire exception pour accroître les chances de sa maison de remporter la coupe de Quidditch. Dans *Harry Potter à l'école des sorciers*, elle surprend Harry en train de voler sur son balai sans autorisation. Au lieu de le punir, elle s'empresse de le faire entrer dans l'équipe de Quidditch de Gryffondor !

Que ferais-tu pendant l'année scolaire pour faire gagner des points à Gryffondor ? Défendre un camarade malmené ? Débarrasser l'école d'un affreux troll ? Écris ici tous tes exploits.

EXPLOITS	POINTS ATTRIBUÉS

BIENVENUE DANS LA SALLE

Les élèves de Gryffondor dorment, étudient et se détendent dans une pièce chaleureuse de la tour de Gryffondor. Ils sont les seuls, avec leur directrice, à y avoir accès, et l'entrée est gardée par un portrait de la grosse dame. Celle-ci ne laisse entrer personne sans mot de passe, mais s'absente souvent pour rendre visite à ses amis des autres tableaux !

IMAGINE DANS CE CADRE UN NOUVEAU TABLEAU POUR GARDER LA SALLE COMMUNE.

MOT DE PASSE

COMMUNE DE GRYFFONDOR !

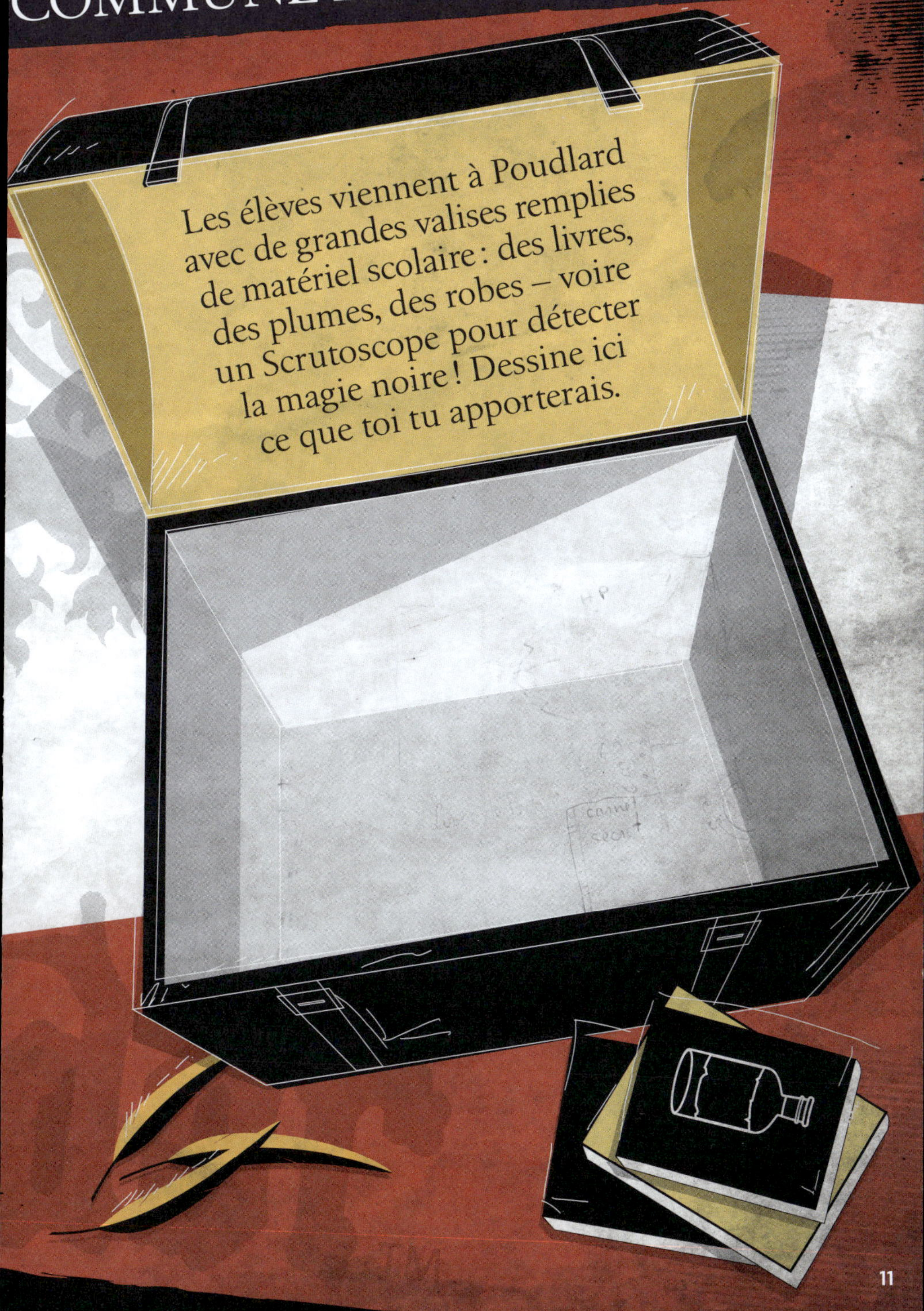

En cinquième année, un élève peut devenir préfet de sa maison : son rôle est de s'assurer que ses camarades obéissent au règlement de l'école. Percy Weasley, le préfet de Gryffondor, prend sa fonction très au sérieux et n'hésite pas à punir ceux qui l'enfreignent, y compris ses amis ! Si tu étais préfet, ferais-tu appliquer chaque règle, quelle qu'elle soit ? Sur quelles infractions fermerais-tu les yeux ?

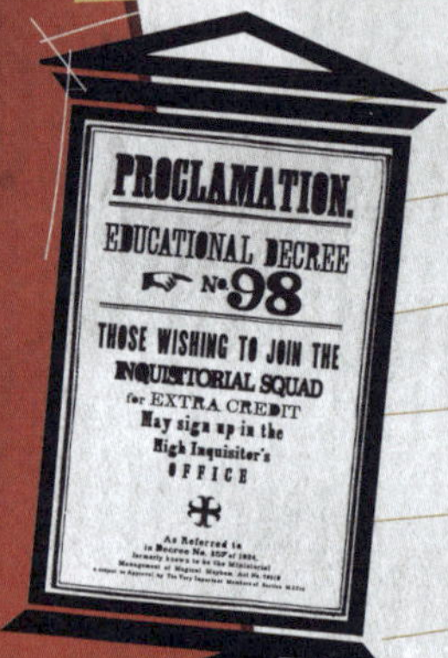

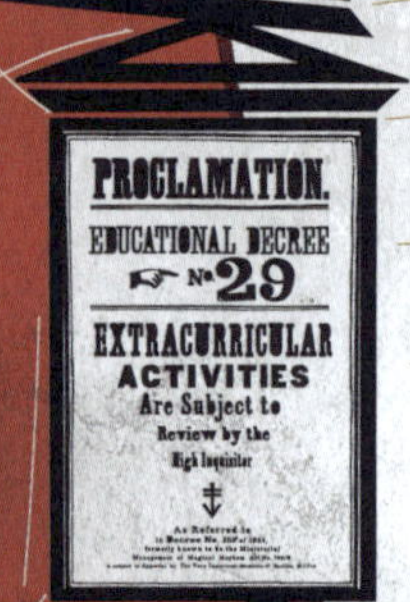

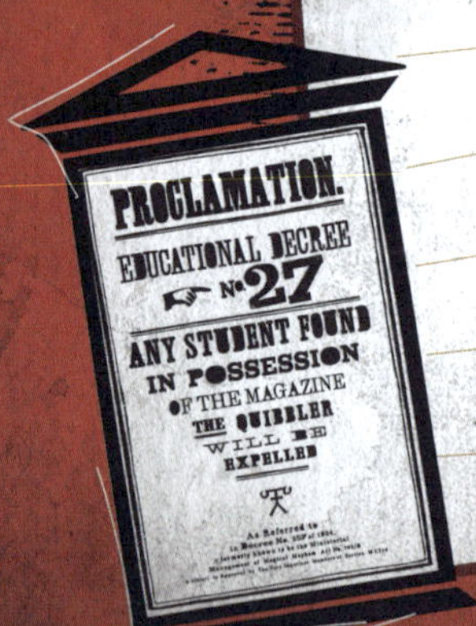

Les Gryffondor aiment prendre des risques, une réputation à laquelle Harry, Hermione et Ron restent fidèles lorsqu'ils boivent en secret du Polynectar, en deuxième année. Si tu pouvais fabriquer ton propre Polynectar et devenir celui ou celle que tu veux pendant une heure, qui choisirais-tu et pourquoi ?

PORTRAIT D'UN GRYFFONDOR

HARRY POTTER

Le Survivant, l'Élu... Les sorciers lui donnent toutes sortes de surnoms, mais il préfère Harry, tout simplement. Harry devient célèbre alors qu'il n'est qu'un bébé, en survivant au Sortilège de la Mort lancé par Voldemort. Toutefois, il n'apprend qu'il est sorcier que le jour de ses 11 ans. Harry vit avec son oncle, sa tante et son cousin jusqu'à l'arrivée de Hagrid qui lui ouvre les portes du monde magique, transformant sa vie à jamais.

La scolarité de Harry à Poudlard est truffée d'aventures palpitantes – et souvent dangereuses – avec ses meilleurs amis, Ron Weasley et Hermione Granger. Chaque année, il devra affronter Voldemort et ses Mangemorts avant de vaincre, à 17 ans, avec l'aide de ses amis, le Seigneur des Ténèbres.

Gryffondor

Grâce au professeur Lupin, Harry devient le premier élève de son âge à maîtriser le sortilège du Patronus, qui permet de repousser les Détraqueurs. Pour réussir ce sortilège, il faut se concentrer sur son souvenir le plus heureux. Quel souvenir invoquerais-tu ?

À QUOI RESSEMBLERAIT TON PATRONUS ? DESSINE-LE ICI.

HERMIONE GRANGER

Aussi intelligente que courageuse, Hermione lutte au côté de Harry dans toutes les batailles. Elle déteste enfreindre le règlement – à moins de ne pouvoir faire autrement ! – et passe le plus clair de son temps le nez dans un livre. Elle est convaincue que la bibliothèque de Poudlard renferme une solution à la plupart des problèmes… et elle a souvent raison ! Dans *Harry Potter et la Chambre des Secrets*, ses recherches lui permettent de découvrir quel type de créature se tapit dans la chambre.

Hermione est née de parents moldus, ce qui lui vaut les moqueries de quelques sorciers cruels qui doutent de son don pour la magie. Elle n'a de cesse de leur donner tort grâce à son talent pour les sortilèges et son indéfectible bravoure.

Dans *Harry Potter et le prisonnier d'Azkaban*, Hermione obtient l'autorisation d'utiliser un Retourneur de Temps. Cet objet lui permet de remonter le temps d'une heure ou deux afin de pouvoir assister à plusieurs cours programmés à la même heure. Elle s'en sert également en secret pour aider Harry à sauver Sirius et Buck l'hippogriffe. Si, comme Hermione, tu possédais un Retourneur de Temps, quel moment choisirais-tu de revivre ? Que changerais-tu ?

PORTRAIT D'UN GRYFFONDOR

RON WEASLEY

Pour la plupart de ses camarades, il est le meilleur ami de Harry… et le petit frère de Fred et George. Issu d'une fratrie de sept enfants, Ron reste en effet souvent dans l'ombre de ses aînés. Néanmoins, Harry et Hermione peuvent compter sur son amitié inébranlable et sur sa parfaite connaissance du monde magique – dont les subtilités leur échappent parfois, ayant tous deux été élevés par des Moldus.

Ron vit son heure de gloire lorsqu'il rejoint l'équipe de Quidditch de Gryffondor dans *Harry Potter et le Prince de Sang-Mêlé*, en remplacement du gardien Olivier Dubois. Et si au début ses nerfs lui jouent des tours, il devient par la suite un excellent joueur et un pilier de l'équipe !

EN BON GRYFFONDOR, RON FAIT PREUVE DE COURAGE FACE À SON ÉPOUVANTARD AU COURS DE DÉFENSE CONTRE LES FORCES DU MAL. IMAGINE CE QUE SERAIT TON PROPRE ÉPOUVANTARD (SOUVIENS-TOI, IL PREND LA FORME DE CE QUE TU CRAINS LE PLUS). QUELLE APPARENCE COMIQUE PRENDRAIT-IL SI TU LUI LANÇAIS LE SORTILÈGE *RIDDIKULUS*?

L'ÉQUIPE DE QUIDDITCH

PRÉSENTATION DE L'ÉQUIPE

Bien que talentueux, les joueurs de Gryffondor sont parfois déstabilisés par les événements qui viennent régulièrement perturber les matchs. Qu'importe : ils donnent tout à chaque fois ! Pendant ses trois premières années dans l'équipe, Harry est entouré de...

OLIVIER DUBOIS

POSTE : GARDIEN (ET CAPITAINE)

Moment fort : Olivier est le premier à expliquer à Harry les règles du Quidditch, dans *Harry Potter à l'école des sorciers*. Il a un esprit de compétition marqué et réalise pour son équipe quelques arrêts particulièrement spectaculaires.

ALICIA SPINNET

POSTE : POURSUIVEUR

KATIE BELL

POSTE : POURSUIVEUR

Moment fort : dans *Harry Potter et le Prince de Sang-Mêlé*, Katie est touchée par un sortilège destiné à Dumbledore. Heureusement pour l'équipe, elle se rétablit tout à fait !

ANGELINA JOHNSON

POSTE : POURSUIVEUR

Moment fort : dans *Harry Potter et la Coupe de Feu*, Angelina accompagne son coéquipier Fred Weasley, lui aussi en sixième année, au bal de Noël.

FRED ET GEORGE WEASLEY

POSTE: BATTEURS

HARRY POTTER

POSTE: ATTRAPEUR
(ET CAPITAINE QUAND IL EST EN SIXIÈME ANNÉE)

Moment fort: dans *Harry Potter à l'école des sorciers*, pour son premier match, Harry attrape le Vif d'or... en manquant l'avaler! Lors de sa quatrième année, les matchs sont annulés en raison du Tournoi des Trois Sorciers. Quand il retrouve l'équipe l'année suivante, celle-ci a quelque peu évolué dans sa composition.

RON WEASLEY

POSTE: GARDIEN

Moment fort: en sixième année, Ron remplace Olivier Dubois en tant que gardien, ce dernier ayant fini sa scolarité, et Harry devient capitaine de l'équipe. Juste avant le premier match de Ron, dans *Harry Potter et le Prince de Sang-Mêlé*, Harry fait croire à Ron qu'il a bu du Felix Felicis, de la «chance liquide». Ron prend confiance et joue mieux que jamais – et permet ainsi à son équipe de gagner!

GINNY WEASLEY

POSTE: ATTRAPEUR

Moment fort: Ginny rejoint l'équipe quand Harry est en cinquième année – c'est-à-dire avant son grand frère Ron, dont elle supervise les essais dans *Harry Potter et le Prince de Sang-Mêlé* !

QUEL EST TON MOMENT PRÉFÉRÉ DE QUIDDITCH ?

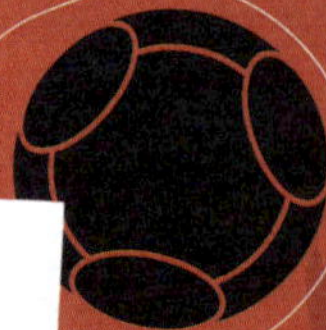

L'ÉQUIPE QUI A REMPORTÉ LE PLUS DE POINTS LORS DE SES MATCHS REMPORTE LA COUPE DE QUIDDITCH DES QUATRE MAISONS. PEUX-TU PRÉDIRE QUI GAGNERA LA COUPE EN DEVINANT LES SCORES CI-DESSOUS ?

G – S

P – S

S – S

G – P

S – P

G – S

TOTAL :

GRYFFONDOR :

POUFSOUFFLE :

SERDAIGLE :

SERPENTARD :

Imagine une nouvelle tenue pour les joueurs de Gryffondor ! À toi d'inventer toutes sortes d'équipements magiques amusants : par exemple, des lunettes qui repoussent les gouttes en cas de match sous la pluie !

LES ANIMAGI

Un Animagus est un sorcier capable de se métamorphoser en l'animal qui convient le mieux à sa personnalité. Gryffondor compte plusieurs Animagi dans ses rangs.

Si tu étais un Animagus, en quel animal te transformerais-tu ? Quel genre d'animal reflète le mieux ta personnalité, et pourquoi ?

METS TON COURAGE À L'ÉPREUVE !

Les Gryffondor aiment l'aventure, même si elle fait parfois frissonner les plus courageux !

QUE PRÉFÈRES-TU...

- ☐ Pénétrer de nuit dans la Forêt interdite
  OU
- ☐ T'aventurer seul dans l'Allée des Embrumes ?

- ☐ Jouer au Quidditch pendant une tempête
  OU
- ☐ Pouponner le nouveau dragon de Hagrid ?

- ☐ Affronter une Acromantule
  OU
- ☐ Croiser un troupeau de centaures en colère ?

- ☐ Passer devant Touffu, le chien à trois têtes
  OU
- ☐ Te battre contre un troll dans les toilettes ?

- ☐ Sortir du château sans permission pour te rendre à Pré-au-Lard
  OU
- ☐ Entrer dans la Réserve de la bibliothèque pendant la nuit ?

PORTRAIT DOUBLE

FRED ET GEORGE WEASLEY

Fred et George, les jumeaux Weasley, partagent le même humour espiègle. Même s'ils ne prennent pas leur scolarité à Poudlard très au sérieux, ce sont des sorciers très doués, comme le prouvent leurs nombreuses inventions. Ils vont même jusqu'à créer Farces pour sorciers facétieux, une boutique de vente par correspondance qui commercialise, par exemple, leurs fameuses Boîtes à Flemme – des bonbons qui rendent malades… juste pour sécher un cours !

Dans *Harry Potter et l'Ordre du Phénix*, pendant leur septième et dernière année, les jumeaux tirent leur révérence dans un formidable feu d'artifice, puis s'envolent, le sourire aux lèvres, accomplir leur rêve : ouvrir un véritable magasin de farces et attrapes dans le Chemin de Traverse.

Si tu avais ta propre boutique de farces et attrapes, quels objets inventerais-tu ?

DÉCORE LES OBJETS CI-DESSOUS

DESSINE CE QUE TU TROUVERAIS

Les Gryffondor sont nombreux à rejoindre l'Armée de Dumbledore. Cette société secrète, composée d'élèves qui s'entraînent contre Voldemort et les forces du Mal, se réunit dans la Salle sur Demande, une pièce qui n'apparaît que lorsqu'un sorcier en a réellement besoin… et qui devient précisément ce dont il a besoin.

DANS LA SALLE SUR DEMANDE !

EN QUOI VOUDRAIS-TU QUE LA SALLE SE TRANSFORME POUR TOI ?

Les Gryffondor aiment prendre des risques et ce ne sont pas Harry, Ron et Hermione qui diront le contraire. Mais en agissant pour ce qui lui paraît juste, le trio s'attire parfois des ennuis… Cela t'est-il déjà arrivé ? Que s'est-il passé ?

Dans *Harry Potter à l'école des sorciers*, Harry découvre le Miroir du Riséd. Le reflet lui montre ses parents, heureux et en vie – autrement dit, son désir le plus fort. Dessine ce que tu verrais si tu regardais dans ce miroir magique.

POUFSOUFFLE

EN BREF

FONDATRICE : **HELGA POUFSOUFFLE**

QUALITÉS

GOÛT DU TRAVAIL, LOYAUTÉ, GENTILLESSE

JUSTICE, PATIENCE, SINCÉRITÉ

COULEURS

EMBLÈME : BLAIREAU

FANTÔME

LE MOINE GRAS

RELIQUE

La coupe en or de Helga Poufsouffle est un objet de famille précieux, volé par Voldemort et transformé en Horcruxe. Après avoir pénétré par effraction à Gringotts, Harry, Hermione et Ron la subtilisent dans le coffre de Bellatrix Lestrange et la détruisent.

DIRECTRICE DE POUFSOUFFLE

PROFESSEUR POMONA CHOURAVE

Poufsouffle a pour directrice le professeur Chourave. Cette sorcière aimable et enjouée enseigne la botanique, c'est-à-dire l'étude des plantes magiques.

Lors d'une leçon des plus mémorables, dans *Harry Potter et la Chambre des Secrets*, elle fait découvrir à ses élèves les mandragores – des plantes d'apparence humaine dont le cri peut être mortel pour quiconque l'entend. Quand Harry est en deuxième année, le monstre de la Chambre des Secrets s'évade et pétrifie de nombreux élèves. Par chance, le professeur Chourave prépare un philtre de mandragore qui permet de faire revenir à la vie les malheureuses victimes du Basilic.

Note toutes les fois où tu as travaillé dur et où tu t'es bien comporté au cours de l'année. Combien de points fais-tu gagner à Poufsouffle ?

EXPLOITS	POINTS ATTRIBUÉS

LIEUX DE RENCONTRES

S'ils adorent leur salle commune, les élèves de Poufsouffle aiment aussi retrouver leurs camarades ailleurs dans le château. À quel endroit de Poudlard donnerais-tu rendez-vous à tes amis ?

À l'instar du professeur Chourave, les Poufsouffle sont souvent doués en botanique. Si tu pouvais inventer une plante magique, comment l'appellerais-tu ? À quoi ressemblerait-elle ? Aurait-elle des vertus curatives ou toxiques ? Dessine-la et décris-la ci-dessous.

PORTRAIT D'UN POUSOUFFLE

CEDRIC DIGGORY

Élève populaire, Cedric Diggory est très apprécié de ses camarades, comme beaucoup de Poufsouffle. Dans *Harry Potter et la Coupe de Feu*, il fait honneur à sa maison en étant sélectionné comme champion de Poudlard pour participer au Tournoi des Trois Sorciers, face aux candidats des autres écoles de sorcellerie. En raison d'une mystérieuse confusion, Harry est lui aussi désigné champion de Poudlard.

La compétition fait naître quelques tensions entre Cedric et Harry, qui finissent toutefois par veiller l'un sur l'autre. Fidèle à l'esprit de Poufsouffle, Cedric se bat avec honnêteté et équité. Après sa mort tragique lors de la dernière épreuve, son souvenir reste gravé dans la mémoire de ses camarades et les convainc de se préparer à affronter Voldemort.

Le Champion de Poudlard

Poufsouffle™

MON HÉROS !

Imagine que la Coupe de Feu t'ait choisi pour représenter Poudlard au Tournoi des Trois Sorciers. Invente et dessine le badge de tes supporters !

TOURNOI DES TROIS SORCIERS

1RE TÂCHE

POUR LA PREMIÈRE TÂCHE, CEDRIC ET LES AUTRES CHAMPIONS DOIVENT S'EMPARER D'UN ŒUF D'OR PROTÉGÉ PAR UN DRAGON FÉROCE. CHAQUE CONCURRENT AFFRONTE UN DRAGON DIFFÉRENT, TIRÉ AU HASARD:

QUEL DRAGON PRÉFÉRERAIS-TU AFFRONTER ? INVENTE UNE STRATÉGIE POUR T'EMPARER DE L'ŒUF D'OR.

TOURNOI DES TROIS SORCIERS

2E TÂCHE

Si l'un de tes proches les plus chers était enlevé pour la deuxième épreuve et que tu devais aller le chercher au fond du lac de Poudlard, de qui s'agirait-il ? Comment l'atteindrais-tu dans les profondeurs troubles du lac et comment le sauverais-tu de la menace des êtres de l'eau ?

TOURNOI DES TROIS SORCIERS

3E TÂCHE

La troisième tâche consiste à s'emparer du trophée du tournoi placé au cœur d'un labyrinthe truffé d'obstacles mystérieux. Si tu y participais, que ferais-tu si...

DÉPART

... TU APERCEVAIS LES ÉTINCELLES SIGNALANT QU'UN RIVAL EST EN DIFFICULTÉ ?

... L'UN DE TES CONCURRENTS AGISSAIT MAL EN ÉTANT, TU LE SAIS, SOUS L'INFLUENCE DU SORTILÈGE DE L'IMPERIUM ?

... TOI ET UN AUTRE ATTEIGNIEZ LE TROPHÉE EXACTEMENT AU MÊME MOMENT ?

ARRIVÉE

À L'OCCASION DU TOURNOI, CEDRIC FAIT CONNAISSANCE AVEC LES ÉLÈVES DES DÉLÉGATIONS DE DURMSTRANG ET BEAUXBÂTONS, DEUX ÉCOLES DE SORCELLERIE ÉTRANGÈRES. LAQUELLE AIMERAIS-TU VISITER ?

DESSINE-LA TELLE QUE TU L'IMAGINES.

PORTRAIT D'UNE POUFSOUFFLE

NYMPHADORA TONKS

Nymphadora Tonks, que ses amis et collègues appellent tout simplement « Tonks », est une ancienne élève de Poufsouffle et une talentueuse Auror (son métier consiste à capturer des mages noirs). Elle est membre de l'Ordre du Phénix, une organisation secrète de sorciers et de sorcières œuvrant à faire tomber Voldemort et ses partisans.

La carrière d'Auror sied particulièrement à Tonks car elle est une Métamorphomage : elle peut changer d'apparence à volonté, sans devoir recourir à des potions ou des sortilèges – l'idéal pour passer inaperçue ! Il lui arrive de changer d'apparence dans le seul but de faire rire ses amis : dans *Harry Potter et l'Ordre du Phénix*, elle distrait Hermione et Ginny Weasley en transformant sa bouche en bec de canard.

Poufsouffle

SI TU ÉTAIS MÉTAMORPHOMAGE COMME TONKS,
EN QUOI OU EN QUI TE TRANSFORMERAIS-TU
POUR PASSER INAPERÇU ?
DESSINE TA NOUVELLE APPARENCE CI-DESSOUS.

LOYAUX, PATIENTS ET GENTILS, LES POUFSOUFFLE FONT DE TRÈS BONS AMIS… CE QUI NE SIGNIFIE PAS QU'ILS SAVENT FORCÉMENT SE SORTIR DES SITUATIONS DÉLICATES ! PRENDS CONNAISSANCE DES DILEMMES CI-DESSOUS ET EXPLIQUE COMMENT TU T'Y PRENDRAIS POUR LES RÉSOUDRE.

QUE FERAIS-TU SI…

… TU ÉTAIS PRIS DANS L'ÉQUIPE DE QUIDDITCH MAIS PAS TES MEILLEURS AMIS ?

… UNE RUMEUR SE RÉPANDAIT AU PETIT DÉJEUNER DANS LA GRANDE SALLE AU SUJET D'UN AMI ?

… UN AMI TE DEMANDAIT DE RECOPIER TON DEVOIR D'HISTOIRE DE LA MAGIE SUR LEQUEL TU VIENS DE PASSER DES HEURES ?

… AU COURS DE POTIONS, LE PROFESSEUR ROGUE S'EN PRENAIT À L'UN DE TES AMIS DEVANT TOUTE LA CLASSE ?

LES POUFSOUFFLE SONT TRÈS ATTACHÉS À LA TOLÉRANCE ET AU JUSTE TRAITEMENT DE TOUS LES ÊTRES MAGIQUES. CHOISIS UNE CAUSE ET ÉCRIS UNE LETTRE AU MINISTÈRE DE LA MAGIE POUR EXPLIQUER COMMENT LES SORCIERS PEUVENT CONTRIBUER À Y REMÉDIER.

- LIBÉRATION DES ELFES DE MAISON
- PROTECTION DES CRÉATURES MAGIQUES
- LUTTE CONTRE LA DISCRIMINATION ENVERS LES NÉS-MOLDUS

LES POUFSOUFFLE SONT DES TRAVAILLEURS ACHARNÉS. LAQUELLE DE CES CARRIÈRES MAGIQUES TENTERAIS-TU ET POURQUOI ?

- BOTANISTE
- AUROR
- MAGIZOOLOGISTE
- PROFESSEUR À POUDLARD

COMMENT FERAIS-TU POUR RESTER OPTIMISTE DANS CES SITUATIONS ?

1 Dans *Harry Potter à l'école des sorciers*, Harry, Ron et Hermione sont envoyés en retenue dans l'inquiétante Forêt interdite en compagnie de Drago Malefoy. Si tu étais à leur place, que ferais-tu ?

2 Dans *Harry Potter et le prisonnier d'Azkaban*, Harry n'est pas autorisé à participer à la sortie des élèves à Pré-au-Lard. Que ferais-tu pour passer un bon moment si tu étais confiné au château alors que tes amis s'amusent dans le village sorcier ?

3 Dans *Harry Potter et l'Ordre du Phénix*, le nouveau professeur de défense contre les forces du Mal, Dolores Ombrage, n'a aucune intention de laisser les élèves pratiquer les sortilèges en classe. Que ferais-tu face à un professeur sévère et injuste ?

Dans *Harry Potter à l'école des sorciers*, le professeur Chourave utilise un Filet du Diable pour empêcher le vol de la précieuse Pierre philosophale. Cette plante rare vient s'enrouler autour de la moindre chose – ou personne – qui la touche. Quel obstacle inventerais-tu pour protéger la pierre ? Que faudrait-il faire pour le déjouer ?

Helga Poufsouffle possédait une coupe en or transmise dans sa famille de génération en génération, jusqu'à ce que Voldemort en fasse un Horcruxe. Possèdes-tu un objet de famille précieux ?

DESSINE-LE PUIS RACONTE COMMENT IL EST ARRIVÉ DANS TA FAMILLE – OU DESSINE UN OBJET QUI T'EST CHER ET QUE TU AIMERAIS TRANSMETTRE UN JOUR.

Certains Poufsouffle ne sont pas très sympathiques. Durant le Tournoi des Trois Sorciers, ils sont quelques-uns à marquer leur soutien à leur ami Cedric Diggory en arborant un badge « À bas Potter ». Cedric, que la moquerie met mal à l'aise, leur demande de le retirer. Que ferais-tu si tes amis harcelaient un camarade de classe ?

Les Poufsouffle sont parfois pris de haut par les autres maisons. Ce que pensent les autres de toi t'importe-t-il ? Essaierais-tu de les convaincre de leur tort, ou n'y prêterais-tu pas attention ?

NORBERT DRAGONNEAU

Cet ancien élève de Poufsouffle est devenu célèbre. Norbert Dragonneau, magizoologiste, est l'auteur du livre *Les Animaux fantastiques*, couramment utilisé par les élèves de Poudlard pour étudier les créatures magiques. Besoin d'une information sur les Acromantules, les loups-garous, les Basilics, les licornes ou tout autre animal magique ? La réponse se trouve très certainement dans le best-seller de Norbert !

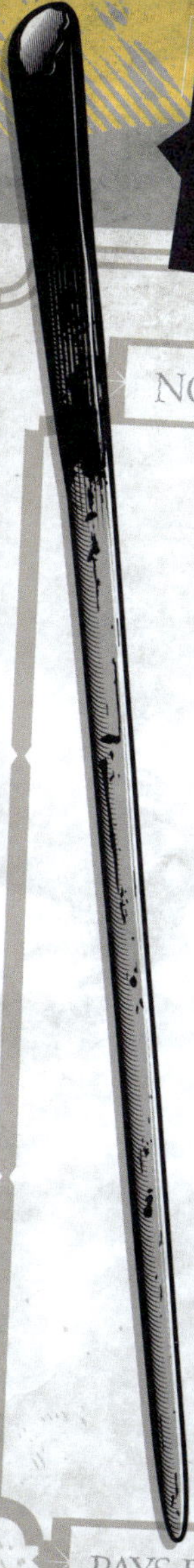

À toi d'inventer une créature magique!
Dessine-la ci-dessous en précisant son nom, son pays d'origine et son régime alimentaire.

NOM :

PAYS D'ORIGINE :

RÉGIME :

Botruc

Niffleur

OH NON! TA CRÉATURE ERRE EN LIBERTÉ DANS LES COULOIRS DU CHÂTEAU... COMMENT LA CAPTURES-TU SANS TE METTRE EN DANGER ?

Ton meilleur ami a passé une semaine épouvantable mais tu sais ce qui lui remontera le moral : votre prochaine sortie à Pré-au-Lard ! Par quelle boutique commencerez-vous ? Dessine vos achats.

HONEYDUKES

ZONKO
FARCES ET ATTRAPES

SERDAIGLE

EN BREF

FONDATRICE : **ROWENA SERDAIGLE**

QUALITÉS

INTELLIGENCE, SAGESSE, LOGIQUE, RÉFLEXION

COULEURS

EMBLÈME : AIGLE

FANTÔME

LA DAME GRISE

ANCIENNEMENT HELENA SERDAIGLE,
DU TEMPS OÙ ELLE ÉTAIT EN VIE ; FILLE DE ROWENA SERDAIGLE, FONDATRICE DE SERDAIGLE

RELIQUE

Le diadème de Rowena Serdaigle est resté introuvable pendant des siècles. Voldemort, qui met la main dessus pendant sa scolarité à Poudlard, en fait un Horcruxe avant de le dissimuler de nouveau. C'est Harry qui en retrouve la trace, des années plus tard.

DIRECTEUR DE SERDAIGLE

PROFESSEUR FILIUS FLITWICK

On tourne et on abaisse !

Le directeur de Serdaigle, Filius Flitwick, enseigne les sortilèges généralement perché au sommet d'une pile de livres pour mieux voir sa classe. Dans *Harry Potter à l'école des sorciers*, il apprend aux élèves de première année à faire léviter un objet grâce à l'incantation *Wingardium Leviosa* ! Chaque année, il se sert de son expertise en sortilèges (entre autres !) pour décorer Poudlard lors des fêtes de Noël. Le professeur Flitwick dirige aussi la chorale de l'école.

Tu as la réponse à la question difficile d'un professeur ? Tu maîtrises un sortilège que personne de ton âge ne connaît ? Écris tous tes exploits scolaires qui peuvent faire gagner des points à Serdaigle !

EXPLOITS	POINTS ATTRIBUÉS

EMPLOI DU TEMPS

HEURE	LUNDI	MARDI	MERCREDI

NOTE L'ENSEMBLE DE TES COURS ET ACTIVITÉS EXTRASCOLAIRES DE CETTE ANNÉE DANS TON EMPLOI DU TEMPS.

JEUDI	VENDREDI	SAMEDI	DIMANCHE

LA TOUR DE SERDAIGLE

Les Serdaigle vivent et étudient dans une tour défendue aux autres élèves – comme les Gryffondor et leur salle commune. Mais contrairement à ces derniers, ils ne peuvent pas se contenter d'un mot de passe pour y entrer : ils doivent utiliser leurs méninges en résolvant une énigme ! S'ils ne savent pas répondre, ils doivent attendre qu'un autre Serdaigle arrive pour les aider.

SAIS-TU RÉPONDRE À CETTE ÉNIGME POSÉE AUX SERDAIGLE DANS HARRY POTTER ET LES RELIQUES DE LA MORT, 2DE PARTIE ?

Harry Potter va trouver la Dame Grise, le fantôme de Serdaigle, et la supplie de lui dire où est le diadème perdu de Rowena Serdaigle. Voici sa réponse :

« IL EST ICI, DANS LE CHÂTEAU. DANS L'ENDROIT OÙ TOUTE CHOSE EST CACHÉE. SI VOUS DEVEZ DEMANDER, JAMAIS VOUS NE SAUREZ. SI VOUS SAVEZ, IL SUFFIT DE DEMANDER. »

OÙ EST LE DIADÈME ?

RÉPONSE : dans la Salle sur Demande

À ton tour de créer tes propres énigmes !
Pose-les à tes amis : s'ils savent y répondre,
ils pourront alors accéder à la tour de Serdaigle.

PORTRAIT D'UNE SERDAIGLE

LUNA LOVEGOOD

« Tu es aussi sain d'esprit que moi. »

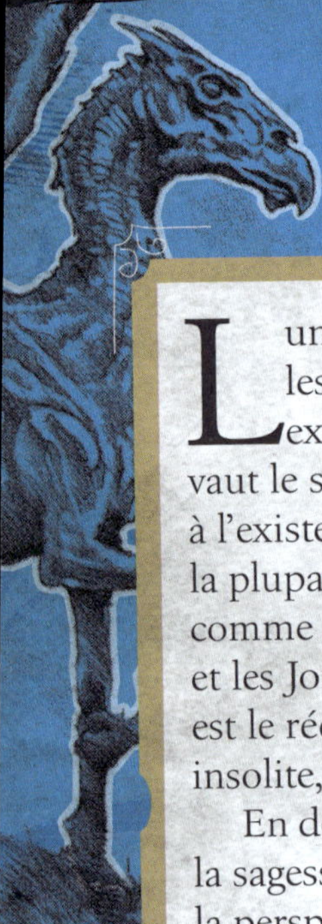

Luna Lovegood est l'une des élèves les plus originales et les plus excentriques de Poudlard, ce qui lui vaut le surnom de « Loufoca ». Elle croit à l'existence de nombreuses créatures que la plupart des autres sorciers considèrent comme de pures inventions – les Nargoles et les Joncheruines, par exemple. Son père est le rédacteur en chef d'une revue fort insolite, *Le Chicaneur*.

En dépit de ses bizarreries, Luna possède la sagesse caractéristique des Serdaigle, la perspicacité en plus. Elle trouve bien souvent les mots pour réconforter Harry dans les moments difficiles. Dans *Harry Potter et l'Ordre du Phénix*, les deux amis partagent une complicité unique quand Luna présente à Harry les Sombrals, des créatures mystérieuses qu'aucun de leurs camarades n'est capable de voir.

Bien qu'elle soit étrange, Luna est beaucoup plus intelligente qu'elle n'y paraît au premier abord. Décris la personne la plus originale que tu connaisses et ce que tu as appris en la côtoyant.

Le père de Luna, Xenophilius Lovegood, dirige *Le Chicaneur*, une revue célèbre pour ses articles surprenants… et pas tout à fait fondés. Il lui arrive toutefois de couvrir des informations véridiques et importantes que d'autres publications magiques, comme *La Gazette du Sorcier*, préfèrent passer sous silence.

DESSINE LA UNE DU PROCHAIN NUMÉRO DU *CHICANEUR*. IMAGINE LES TITRES LES PLUS FARFELUS !

LE CHICANEUR

CHOISIS UN SUJET ET ÉCRIS UN ARTICLE: N'OUBLIE PAS LE TITRE!

(Titre de l'article)

ÉCRIT PAR ____________________

(Ton nom)

Luna porte parfois des Lorgnospectres – des lunettes spéciales qui lui permettent (paraît-il) de voir les Joncheruines, des créatures invisibles qui volent d'une oreille à l'autre et embrouillent le cerveau. Imagine-toi enfiler une paire de ces verres magiques et dessine ce que tu observes. À quoi ressembleraient les Joncheruines ? Quelles autres créatures invisibles verrais-tu ?

Les Serdaigle sont formidablement intelligents et créatifs. Imagine que tu sois capable de la magie la plus difficile qui soit : inventer tes propres sortilèges ! Quelles transformations, quels effets produiraient-ils ?

NOM DU SORTILÈGE:

EFFET:

MOUVEMENT DE BAGUETTE:

FORMULE:

NOM DU SORTILÈGE:

EFFET:

MOUVEMENT DE BAGUETTE:

FORMULE:

INTELLIGENCE ET SAGESSE NE VONT PAS FORCÉMENT DE PAIR, SAUF PEUT-ÊTRE CHEZ LES SERDAIGLE. QUEL EST LE CONSEIL LE PLUS SAGE QUI T'AIT JAMAIS ÉTÉ DONNÉ ?

PORTRAIT D'UNE SERDAIGLE

PROFESSEUR SIBYLLE TRELAWNEY

Le professeur Sibylle Trelawney enseigne la divination, l'une des branches les plus imprécises de la magie. Elle possède ce qu'elle nomme un « troisième œil », autrement dit la capacité de voir et de prédire le futur. Cette ancienne Serdaigle apprend aux jeunes sorciers à réaliser leurs propres prédictions à l'aide d'une boule de cristal ou de feuilles de thé.

Nombre d'élèves – et même plusieurs de ses collègues – ne la considèrent pas comme une vraie voyante chez qui le don de voir l'avenir serait inné. Bien qu'elle échoue effectivement à prédire le futur sur demande, le professeur Trelawney énonce toutefois plusieurs prophéties bien réelles et significatives. Dans *Harry Potter et le prisonnier d'Azkaban*, elle entre en transe pendant un cours et annonce avec justesse le retour imminent de Voldemort.

Imagine et dessine dans la boule de cristal ce que sera le futur dans cinq ans. Écris en dessous la date du jour, conserve la page et vérifie dans cinq ans si ta prophétie s'est réalisée !

Harry, Ron et Hermione localisent le diadème perdu de Rowena Serdaigle dans la Salle sur Demande. L'immense pièce est encombrée de tous les objets cachés par des élèves de Poudlard ou abandonnés au fil des ans, empilés les uns sur les autres jusqu'à atteindre le plafond. Et toi, quel objet précieux ou quel secret dissimulerais-tu dans la Salle sur Demande ?

DESSINE-LE ICI

Dans *Harry Potter et la Coupe de Feu*, Harry tombe amoureux d'une Serdaigle, Cho Chang. Si tu pouvais organiser un rendez-vous magique pour l'élu(e) de ton cœur, où iriez-vous ? Que feriez-vous ?

PORTRAIT D'UN SERDAIGLE

PROFESSEUR GILDEROY LOCKHART

Ancien élève de Serdaigle, Gilderoy Lockhart revient des années plus tard à Poudlard comme professeur de défense contre les forces du Mal. Il raconte ses aventures aux quatre coins du monde et ses combats contre la magie noire et les créatures malfaisantes dans ses livres : *Vadrouilles avec les goules*, *Une année avec le Yéti*, etc. Il a tant d'admirateurs qu'il publie même une autobiographie intitulée *Moi, le magicien*.

Ce que le monde magique ignore, c'est que Lockhart, quoique intelligent, est un imposteur. Dans *Harry Potter et la Chambre des Secrets*, Harry et Ron découvrent que leur professeur passe sa vie à jeter des sortilèges d'Amnésie à celles et ceux qui ont véritablement accompli les exploits qu'il fait passer pour siens dans ses ouvrages. Revirement cruel, mais sans doute mérité, le sortilège se retourne contre Lockhart… qui oublie jusqu'à sa propre identité !

Sourire charmeur

MOI, LE MAGICIEN

Choisis un titre et dessine la couverture de ta propre autobiographie magique.

Les Serdaigle sont connus pour leur érudition.
Quelles sont tes méthodes et astuces de travail ?
Comment la magie pourrait-elle t'aider dans les études ?

À Poudlard, les élèves de cinquième année passent un examen, le B.U.S.E. (Brevet Universel de Sorcellerie Élémentaire). D'après toi, quelle note obtiendrais-tu dans chaque matière ? Remplis ton bulletin !

BULLETIN DE NOTES

POUDLARD, ÉCOLE DE SORCELLERIE

MATIÈRES	NOTES
DÉFENSE CONTRE LES FORCES DU MAL	
POTIONS	
SORTILÈGES	
HISTOIRE DE LA MAGIE	
SOINS AUX CRÉATURES MAGIQUES	
MÉTAMORPHOSE	
DIVINATION	
ÉTUDE DES RUNES	
BOTANIQUE	
ASTRONOMIE	
ARITHMANCIE	
ÉTUDE DES MOLDUS	

SIGNATURE DU DIRECTEUR : Albus Dumbledore

NOTES DE RÉUSSITE :

O = OPTIMAL

E = EFFORT EXCEPTIONNEL

A = ACCEPTABLE

NOTES D'ÉCHEC :

P = PIÈTRE

D = DÉSOLANT

T = TROLL

Les interminables étagères de la bibliothèque de Poudlard débordent de livres sur tous les sujets possibles et imaginables. Écris au dos des livres ci-dessous les titres que tu aimerais trouver dans chacune des sections correspondantes.

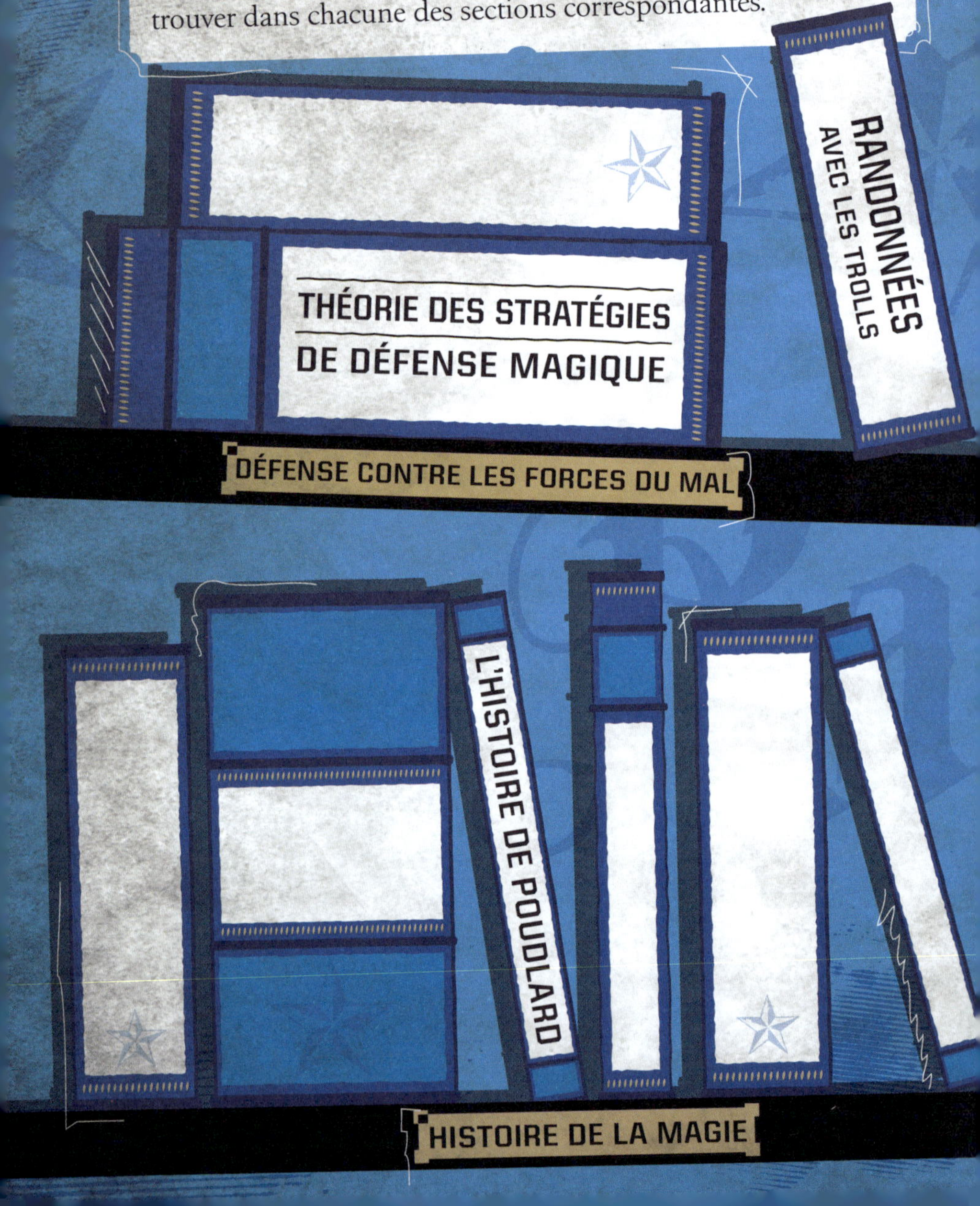

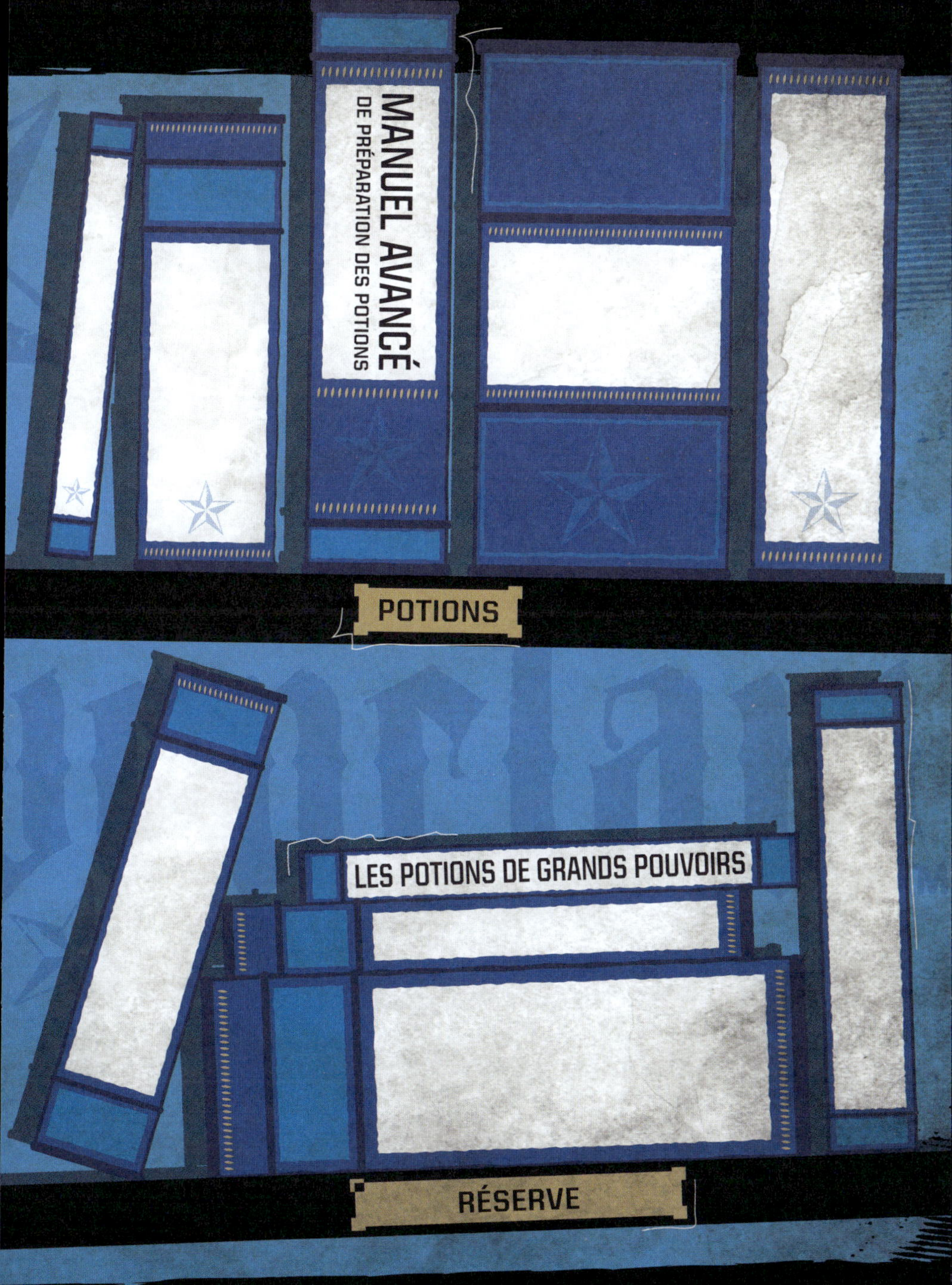
MANUEL AVANCÉ
DE PRÉPARATION DES POTIONS
POTIONS
LES POTIONS DE GRANDS POUVOIRS
RÉSERVE

SERPENTARD

EN BREF

FONDATEUR : SALAZAR SERPENTARD

QUALITÉS

AMBITION, RUSE, DÉTERMINATION, INGÉNIOSITÉ

COULEURS

EMBLÈME : SERPENT

FANTÔME : LE BARON SANGLANT

RELIQUE

Le médaillon de Salazar Serpentard est un bijou de famille ciselé, transmis de génération en génération… jusqu'à ce qu'il tombe entre les mains de Voldemort, à l'époque où il s'appelait encore Tom Jedusor. Le mage noir en fait un Horcruxe, qui sera finalement détruit par Ron Weasley grâce à l'épée de Gryffondor.

DIRECTEUR DE SERPENTARD

PROFESSEUR SEVERUS ROGUE

Le directeur de Serpentard, Severus Rogue, est aussi professeur de potions. Il semble en vouloir à Harry dès l'instant où celui-ci pose un pied à Poudlard. Il favorise considérablement les élèves de Serpentard au détriment des autres maisons, et certains le soupçonnent de soutenir Voldemort en cachette.

Harry découvre que Rogue est un ancien Mangemort devenu agent double, qui fait semblant d'appartenir à la garde rapprochée du Seigneur des Ténèbres tout en faisant secrètement son possible pour aider l'Ordre du Phénix à le vaincre. Dans *Harry Potter et les Reliques de la Mort, 2de partie*, Rogue révèle à Harry, en lui montrant un vieux souvenir, qu'il était tombé amoureux de sa mère du temps de leur scolarité à Poudlard. Depuis la mort de celle-ci, il tente de se racheter de ses erreurs passées en protégeant le jeune sorcier contre son ancien maître, Voldemort.

« À jamais ! »

REGISTRE DE POINTS DE SERPENTARD

COMMENT USERAIS-TU DE TON INGÉNIOSITÉ ET DE TON AMBITION POUR FAIRE GAGNER DES POINTS À SERPENTARD ? (TRICHE INTERDITE !)

EXPLOITS	POINTS ATTRIBUÉS

Severus Rogue est un spécialiste de l'occlumancie, une forme de magie qui consiste à bloquer son esprit de sorte que personne ne puisse y entrer et accéder aux pensées, émotions et souvenirs. Si tu étais capable de pénétrer l'esprit de quelqu'un, le ferais-tu ? Qui choisirais-tu, et pourquoi ?

LA SALLE COMMUNE DE SERPENTARD

La salle commune de Serpentard, enfouie dans les sous-sols du château, n'est accessible qu'à ceux qui connaissent le mot de passe. Page suivante, note dans l'encadré les mots de passe les plus farfelus qui te viennent à l'esprit, choisis-en un, puis barre-les tous pour les cacher aux élèves des autres maisons ! Enfin, découpe et suspends l'écriteau ci-contre à la poignée de porte de ta chambre : pour y entrer, il faudra donner le bon mot de passe !

MOT DE PASSE ?

MOT DE PASSE ?
SERPENTARD

Dans *Harry Potter et la Chambre des Secrets*, les professeurs Rogue et Lockhart encadrent un club de duel pour les élèves de l'école. L'objectif du club est d'apprendre aux jeunes sorciers à se défendre en cas de danger. Si tu n'avais droit qu'à trois formules magiques, lesquelles choisirais-tu pour vaincre ton adversaire ?

ACCIO : Attire un objet

AGUAMENTI : Fait jaillir une source au bout de la baguette

CONFUNDO : Brouille l'adversaire

EXPELLIARMUS : Désarme l'adversaire

IMPEDIMENTA : Stoppe temporairement un adversaire ou une créature magique

LEVICORPUS : Suspend l'adversaire par la cheville

PETRIFICUS TOTALUS : Paralyse l'adversaire

PROTEGO : Crée une barrière défensive

REDUCTO : Réduit la taille de l'adversaire

STUPEFIX : Fige l'adversaire

IMAGINE TON ARBRE GÉNÉALOGIQUE MAGIQUE!

NOTE CHAQUE MEMBRE DE TA FAMILLE – MOLDU, SORCIER OU AUTRE.

Pour la majorité des Serpentard, être un Sang-Pur, autrement dit venir d'une famille exclusivement composée de sorciers, revêt une importance majeure et les rend supérieurs aux Sang-Mêlé et aux nés-Moldus. Toutefois, les autres sorciers savent en général que la lignée n'a aucune conséquence : beaucoup de Sang-Pur, comme Gregory Goyle et Vincent Crabbe (Serpentard), n'ont aucune compétence magique ou presque, alors que certains nés-Moldus, telle Hermione Granger, sont extrêmement talentueux !

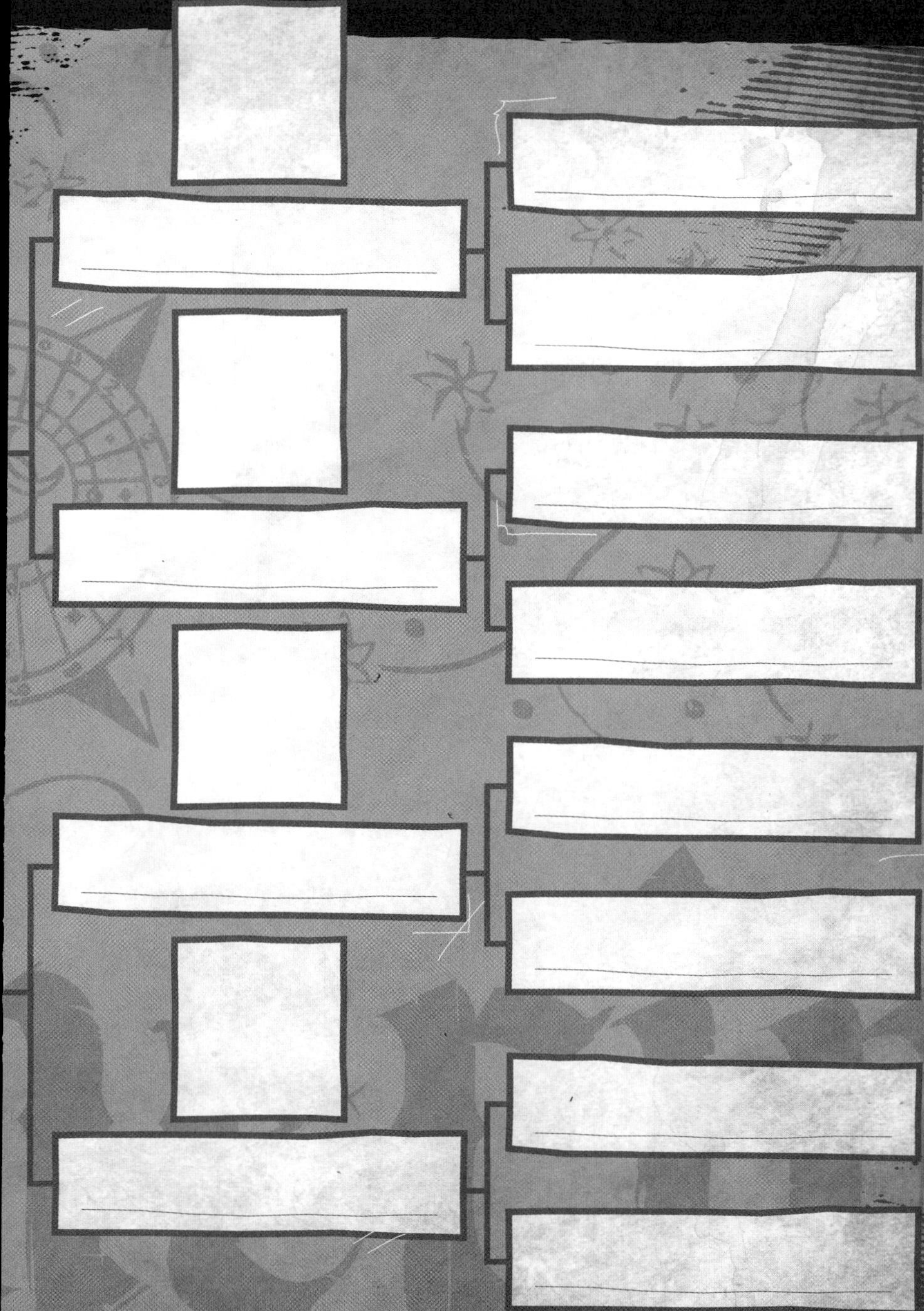

PORTRAIT D'UN SERPENTARD

DRAGO MALEFOY

Le Serpentard Drago Malefoy est l'ennemi juré de Harry Potter mais également son premier rival. Drago descend d'une famille très ancienne de Sang-Pur ; toute sa vie, il a entendu que les sorciers aux ancêtres moldus étaient des moins-que-rien. En compagnie de ses acolytes Crabbe et Goyle, il passe l'essentiel de son temps à se moquer des autres élèves, surtout les Gryffondor.

En grandissant, Drago ne se contente plus de maltraiter ses camarades d'école et choisit une voie sinistre : il accepte une mission confiée par Voldemort et devient l'un de ses serviteurs. Mais il ressort finalement que si Drago est loin d'être un gentil, il n'a pas non plus le courage de devenir un véritable Mangemort. Dans *Harry Potter et les Reliques de la Mort, 2de partie*, Drago et ses parents font défection et quittent définitivement la garde rapprochée de Lord Voldemort.

LORSQU'IL EST À POUDLARD, DRAGO REÇOIT RÉGULIÈREMENT DES COLIS DE SA FAMILLE PAR HIBOU. QUELS CADEAUX MAGIQUES AIMERAIS-TU RECEVOIR TOUTES LES SEMAINES ? DESSINE-LES CI-DESSOUS.

Dans *Harry Potter et le Prince de Sang-Mêlé*, Drago répare deux Armoires à Disparaître pour permettre aux Mangemorts d'entrer à Poudlard. Ces armoires magiques offrent la possibilité de se déplacer facilement entre deux lieux, même distants. Si toi aussi tu possédais deux Armoires à Disparaître, où les installerais-tu pour passer de l'une à l'autre sans éveiller l'attention ?

Comme Harry Potter, Salazar Serpentard était un Fourchelang : il était capable de parler aux serpents. Si tu pouvais apprendre la langue d'un animal réel ou magique, que choisirais-tu ? À quoi ressemblerait cette langue ?

PROFESSEUR HORACE SLUGHORN

Horace Slughorn, ancien élève de Serpentard, devient maître des potions quand Rogue obtient le poste de professeur de défense contre les forces du Mal. Il devient aussi directeur de Serpentard dans *Harry Potter et les Reliques de la Mort, 2de partie*.

À Poudlard, Slughorn préside un club très privé, le club de Slug, auquel il convie les élèves les plus intelligents et les plus doués de l'école. Il aime s'entourer de sorciers particulièrement talentueux ou haut placés afin de tirer profit de leurs succès.

Le professeur Slughorn utilise habilement son club pour entrer en contact avec des sorciers puissants. Dessine, pour le panneau d'affichage de la salle commune de Serpentard, l'affiche de ton propre club.

COMME NOMBRE DE SERPENTARD, ROGUE ET SLUGHORN SONT EXPERTS EN POTIONS. À TOI DE MONTRER TES TALENTS : INVENTE TON PROPRE BREUVAGE MAGIQUE !

INGRÉDIENTS :

INSTRUCTIONS :

QUELS SONT LES EFFETS DE TA POTION ?

Le Veritaserum est une potion qui force celui qui en boit à dire la vérité, quelle que soit la question posée. Si tu en avalais, que répondrais-tu aux questions suivantes ?

1. QUEL A ÉTÉ LE MOMENT LE PLUS GÊNANT DE TA VIE ?

2. DE QUI ES-TU AMOUREUX(SE) ?

3. QUEL COURS DÉTESTES-TU LE PLUS ?

4. QUAND AS-TU ENFREINT UNE RÈGLE POUR LA DERNIÈRE FOIS ?

5. ES-TU JALOUX(SE) DE QUELQU'UN ? QUI, ET POURQUOI ?

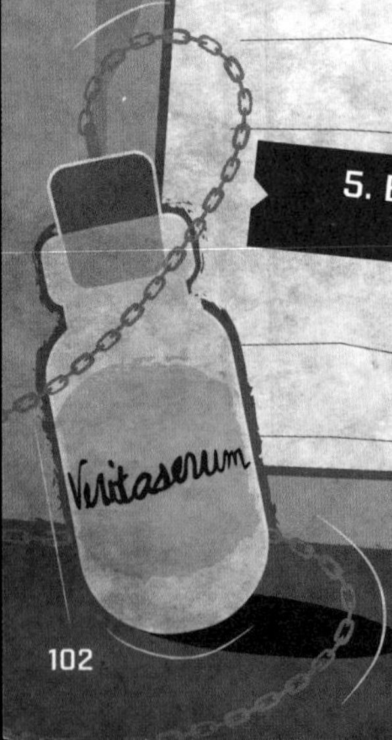

Les Serpentard sont de grands ambitieux. Imagine que tes nombreux succès t'aient permis de devenir ministre de la Magie : quels sont les quatre premiers changements que tu apporterais au monde magique ?

QUE CHANGERAIS-TU À POUDLARD ?

QUE CHANGERAIS-TU EN MATIÈRE DE PROTECTION ET DE DROITS DES CRÉATURES MAGIQUES ?

QUE CHANGERAIS-TU À GRINGOTTS ?

QUE CHANGERAIS-TU À AZKABAN ?

BELLATRIX LESTRANGE

Bellatrix Lestrange descend d'une lignée de Serpentard obsédée par la pureté du sang. Aussi n'est-il pas étonnant qu'elle soit devenue l'une des plus fidèles et impitoyables disciples de Voldemort. Elle est apparentée à Andromeda Tonks et Sirius Black, tous deux reniés par la famille Black pour avoir été traîtres à leur sang. Elle est aussi la sœur de Narcissa Malefoy, la mère de Drago.

Bellatrix s'échappe de prison dans *Harry Potter et le prisonnier d'Azkaban*. Elle est responsable de la mort de son cousin Sirius et de très nombreuses autres victimes : pour satisfaire les désirs de Voldemort, rien ne l'arrête.

ET SI LE MINISTÈRE DE LA MAGIE ÉTAIT À TA POURSUITE? COMPLÈTE TON PROPRE AVIS DE RECHERCHE!

RECHERCHÉ(E)

MINISTÈRE DE LA MAGIE

__________ EST RECHERCHÉ(E) PAR LE MINISTÈRE DE LA MAGIE POUR ________________.

APPROCHER AVEC PRÉCAUTION

SI VOUS AVEZ LA MOINDRE INFORMATION SUR CETTE PERSONNE, MERCI DE CONTACTER LE BUREAU DES AURORS LE PLUS PROCHE.

MINISTÈRE DE LA MAGIE
BUREAU DES AURORS

RÉCOMPENSE

LE MINISTÈRE DE LA MAGIE OFFRE UNE RÉCOMPENSE DE 1000 GALLIONS POUR TOUTE INFORMATION PERMETTANT L'ARRESTATION DE ...

IMPRIMÉ PAR LES PRESSES DU MINISTÈRE · CHEMIN DE TRAVERSE · ANGLETERRE_ REG. 120990/ODE.LIMA/00987-OOMOM

DIRECTEUR
BUREAU DES AURORS/ISERVICE DES ENQUÊTES
NO. 61042

CRÉE AUSSI L'AVIS DE RECHERCHE DE TON/TA MEILLEUR(E) AMI(E).

RECHERCHÉ(E)

MINISTÈRE DE LA MAGIE

APPROCHER AVEC PRÉCAUTION

SI VOUS AVEZ LA MOINDRE INFORMATION
SUR CETTE PERSONNE, MERCI DE CONTACTER
LE BUREAU DES AURORS LE PLUS PROCHE.

RÉCOMPENSE

LE MINISTÈRE DE LA MAGIE OFFRE UNE RÉCOMPENSE DE 1000 GALLIONS
POUR TOUTE INFORMATION PERMETTANT L'ARRESTATION DE ...

IMPRIMÉ PAR LES PRESSES DU MINISTÈRE - CHEMIN DE TRAVERSE - ANGLETERRE_ REG. 120990/DDE.LIMA/DD987-DDMDM

MINISTÈRE DE LA MAGIE
BUREAU DES AURORS

DIRECTEUR
BUREAU DES AURORS/SERVICE DES ENQUÊTES
NO. 61042

Au cours de sa première année, Ginny Weasley se trouve en possession d'un vieux journal intime dans lequel elle écrit constamment. Non seulement le journal absorbe ses mots, mais il lui répond ! Il appartenait autrefois à Tom Jedusor, le futur Voldemort qui, grâce à la magie noire, en a fait un Horcruxe en y enfermant une part de son âme. Imagine que cette page puisse absorber tes secrets et tes pensées les plus intimes et écris-les.

Au Quidditch, les Serpentard font preuve d'un esprit de compétition particulièrement vif, surtout s'ils jouent contre Gryffondor. Invente ci-dessous les chants de leurs supporters !

SERDAIGLE

Tous les Serpentard ne sont pas des mages noirs et, si certains semblent de prime abord malfaisants, ils changent parfois leur fusil d'épaule. Raconte une fois où tu as changé de conviction ou un moment où tu as décidé de tenir tête à des amis qui se comportaient mal.

POUFSOUFFLE

REMISE DES PRIX

L'année est terminée ! Imagine que toi et tes camarades deviez décerner les prix de l'école. Lequel de tes amis correspond le mieux aux descriptions ci-dessous ? Écris le nom de celui qui a le plus de chance de...

OUBLIER LE MOT DE PASSE DE SA SALLE COMMUNE

DEVENIR CAPITAINE DE QUIDDITCH

FAIRE PERDRE 100 POINTS À SA MAISON EN UNE JOURNÉE

RÉUSSIR SES EXAMENS HAUT LA MAIN

ÊTRE NOMMÉ PRÉFET

DEVENIR RÉDACTEUR EN CHEF DE *LA GAZETTE DU SORCIER*

RECEVOIR DEUX BEUGLANTES EN UNE SEMAINE

RÉALISER UNE BONNE PRÉDICTION AU COURS DE DIVINATION

AVOIR UN BALAI DERNIER CRI

DEVENIR MINISTRE DE LA MAGIE

Même si la personnalité et les compétences sont déterminantes dans la répartition des élèves, le Choixpeau tient aussi compte de leurs préférences. D'après toi, à quelle maison appartiens-tu ? Sois fier de ta maison et de ses couleurs !

TON NOM ....

EST FIER D'ÊTRE

TA MAISON .... !

«CE NE SONT PAS NOS APTITUDES QUI MONTRENT CE QUE NOUS SOMMES. CE SONT NOS CHOIX.»

Professeur Albus Dumbledore